Franz X. Bogner

Die Donau
aus der Luft

Franz X. Bogner

Die Donau aus der Luft

Von der Quelle bis Passau

rosenheimer

Frankfurt
Main
Würzburg
Mannheim
Main-
Donau-Kanal
Nürnberg
Naab
Neckar
Rhein
Karlsruhe
Stuttgart
Altmühl
Befreiungshalle
Regens-
burg
Regen
Walhalla
Wörth
Bayerisch er
Wald
Oberalteich
Bogenberg
Metten
Deggendorf
Niederaltaich
Hengersberg
Winzer
Hilgartsberg
Ilz
Welten-
burg
Kelheim
Bad Abbach
Straubing
Natternberg
Ingolstadt
Vohburg
Neuburg
Donauwörth
Höchstädt
Lauingen
Dillingen
Gundremmingen
Schwäbische Alb
Ulm
Donau
Leip-
heim
Günzburg
Mochental
Ehingen
Zwiefalten
Munderkingen
Ober-
marchtal
Sigma-
ringen
Heuneburg
Beuron
Wilden-
stein
Tuttlingen
Villingen-
Schwenningen
Brigach
Breg
Donau-
eschingen
Schwarzwald
Augsburg
München
Paar
Isar
Vils
Rott
Inn
Salzach
Salzburg
Iller
Günz
Mindel
Lech
Bodensee
Zürich
Passau
Vilshofen
Obernzell
Jochen-
stein
Vichtenstein
Engelharts-
zell

Inhalt

Der abendländische Strom

Eine kleine Flussgeschichte

Das blaue Band der Donau liegt an ruhigen Sommertagen wie ein blanker Spiegel in der Landschaft.

Über die Jahrhunderte war sie die bestimmende Handels- und Heerstraße Europas, hat die Kreuzfahrer in den Orient gebracht und die Türken bis vor Wien. Sie ist der Fluss der Nibelungen, an dem die burgundischen Helden in der viel besungenen Nibelungentreue ihr sinnloses Waterloo erlebten. Sogar die schweinsledergebundene Prunkhandschrift dieser Sage – heute eine bibliothekarische Sensation der Bayerischen Staatsbibliothek – wurde 1575 nahe ihren Ufern gefunden, auf Schloss Prunn im Altmühltal.

Das sind nur einige Aspekte der Donau, die als der abendländische Strom schlechthin gilt. Zwar ist sie mit rund 2850 Kilometern »nur« der zweitlängste Fluss Europas – hinter der Wolga. Aber das tut ihrer Bedeutung im Bewusstsein der Menschen keinen Abbruch: In der *Fontana dei Fiumi*, dem »Flussbrunnen«, auf der Piazza Navona in Rom etwa vertritt sie unseren Kontinent, wie der Nil Afrika, der Ganges Asien und der Rio de La Plata Amerika.

Die Donau würde es ohne die Alpenauffaltung nicht geben; sie veränderte in rund 40 Millionen Jahren Mitteleuropa grundlegend und ließ ein ausgedehntes Schwemmland im nördlichen Alpenvorland entstehen. Es dauerte seine Zeit, bis sie ihren heutigen Lauf gefunden hatte. Zeitweise scheint sie sich auch zur Rhone hin orientiert zu haben, ehe sie in West-Ost-Richtung zu fließen begann – was sie jetzt als einziger großer europäischer Fluss tut. Noch vor rund 10 Millionen Jahren entsprang sie am St. Gotthard, folgte dem Tal der heutigen Aare und Wutach und nahm den Alpenrhein als rechtsseitigen Nebenfluss auf. Durch die Absenkung des Oberrheingrabens erfuhr der Rhein aber dann einen ungeheuren Gefällevorteil und konnte dadurch dieser so genannten »Aaredonau« regelrecht das Wasser abgraben. Weitere Änderungen des Flusslaufes folgten, etwa im Bereich der Wutach, bei Ulm und im heutigen Altmühltal. Immer wurde die Urdonau dabei kürzer, ein Prozess, der nach Meinung der Wissenschaft in Zukunft weitergehen wird.

Der Name der Donau könnte aus keltischer Zeit stammen,

Oben: Die landwirtschaftlichen Flächen reichen oft bis ans Ufer der Donau, das häufig von Deichen und Bäumen gesäumt ist.
Unten: Die niederbayerische Donau ist breit genug, um selbst große Schlepper zu tragen, die vor allem im Massengütertransport eingesetzt werden.

Dona-aw bedeutete »tiefes Wasser«, *Do-avv* »zwei Wasser«. Das römische *Danubius* meinte Fluss und Flussgottheit zugleich. Dennoch hatte die Donau bei den Römern zwei verschiedene Namen. Der Dichter Ovid hatte daher vom Fluss »*bis nominis*« geschrieben, bei dem der Oberlauf *Danubius* und der Unterlauf *Istros* hieß. Der Naturforscher Plinius rätselte im ersten nachchristlichen Jahrhundert gar, wo der eine wohl in den anderen übergehe.
Im Jahre 790 war von *Tonachgaoe* die Rede, das im Hochmittelalter zum *Touonouwe* wurde. 1401 hieß die Donau schon *Donaw,* im 16. Jahrhundert *Thunau,* und seit gut 250 Jahren ist die heutige Bezeichnung Donau üblich. Trotz seiner enormen Länge hat der Fluss in den verschiedenen Sprachen der Anrainerstaaten erstaunlich ähnliche Namen: *Duna* heißt er in Ungarn, *Dunav* in Bulgarien, *Dunarea* in Rumänien und *Dunaj* in Russland. Welche Bedeutung die Donau für Bayern hat, wurde spätestens 1808 bei der Neuordnung des Staatsgebietes klar, als gleich zwei Verwaltungsbezirke des Königreichs nach ihr benannt wurden: der Oberdonau- und Unterdonaukreis.

Man sieht den meist schwer beladenen Schleppern förmlich an, dass sie stromaufwärts alle Kraft einsetzen müssen.

Die oberschwäbische Donau

Schwere Geburt mit drei Eltern

In Donaueschingen beginnt die Donau – auch wenn man den Brunnen beim Schloss nicht als die »richtige« Quelle anerkennt.

Den griffigen Reim »Brigach und Breg bringen die Donau z'weg« kennt jeder aus der Schulzeit. Die beiden Flüsschen vereinigen sich bei Donaueschingen und heißen von diesem Punkt an Donau. Das lässt genug Raum für Diskussionen darüber, wo die »richtige« Quelle des Stroms zu suchen ist. Die **Brigach** ist dabei heute praktisch aus dem Rennen, auch wenn vor Jahrhunderten ein Pfarrer sie zur »Urquelle des weltberühmten Donaustromes« erklärte. Die **Breg** dagegen als längster Quellfluss, der auch noch das meiste Wasser führt, nennt sich gerne einfach »Donauquelle«. Wenn sich zwei streiten, freut sich der Dritte: Ein Brunnen im Donaueschinger Schloss möchte auch Donauursprung sein (auch wenn manche diese fürstliche Quelle schlicht eine »hochmütige Pfütze« nennen). Sei es drum, in Donaueschingen beginnt die Donau (siehe oben)! Die junge Donau hat nach dieser schweren Geburt mit gleich drei Eltern auf ihren ersten Kilometern ein sehr hartes Leben, fließt sie doch auf einem Höhenrücken und muss einen sehr porösen Untergrund passieren. Sie verliert dabei kräftig Wasser, das 60 Stunden später und zwölf Kilometer weiter im Aachtopf rund 186 Meter tiefer wieder zutage tritt und über die Radolfzeller Aach in den Bodensee (und damit in den Rhein) gelangt. An 155 Tagen im Jahr kann der Fluss sein Wasser bei diesen »Donauversickerungen« sogar ganz verlieren. Auf Dauer gesehen wird die Donau, die im Lauf ihres Flusslebens ja schon mehrmals kürzer geworden ist, sicher noch ein weiteres Stück Oberlauf verlieren: Hat es einst die Aaredonau gegeben, die in den Westalpen entsprang, und spricht man im Zusammenhang mit der letzten Eiszeit von der Feldbergdonau, die vom abschmelzenden Feldberggletscher gespeist wurde, wird der Fluss in nicht allzu ferner Zukunft wohl zur Albdonau werden. Er wird irgendwo weiter im Osten entspringen, die Brigach und die Breg (und der Donaueschinger Quelltopf) werden dann ihr

Mit dem Zusammenfluss der Brigach und der Breg in Donaueschingen beginnt die Donau ihren fast 3000 Kilometer langen Lauf bis zum Schwarzen Meer.

Die noch ganz junge Donau fließt in den Jurarücken hinein und kann einen Donaudurchbruch nutzen, der aus den Tagen der viel breiteren Aaredonau stammt. Flüsse sind auch Gefangene ihrer eigenen Täler.

ganzes Wasser dem Rhein geben müssen – und der Streit um die Quelle wird sich damit auch erledigt haben. Die ersten Kilometer der Donau sind also Lehrbeispiel, dass Flüsse kein statisches Leben führen, sondern von den verschiedensten Faktoren beeinflusst werden.

Die Donauversickerung war in den 1920er Jahren sogar Grund für ein Gerichtsverfahren vor dem Reichsgericht in Leipzig. Das Donauwasser gehörte nämlich zu Württemberg, die Aachquelle jedoch zu Baden. Die württembergischen Donauanlieger wollten die Versickerungslöcher verschließen, die Aach-Nutzer waren nicht damit einverstanden. 30 Jahre später war die Donauversickerung nochmals ein großes Wahlkampfthema, als man um die Vereinigung von Baden und Württemberg zu einem einzigen Bundesland rang. Vor allem in Baden wehrten sich einige Politiker vehement, ihrer persönlichen Karrieren verlustig zu gehen. Die Losung eines Flugblatts hatte denn auch eine eindeutige Botschaft: »Am 24. September 1950 liegt auch die Entscheidung über die Aachquelle in eurer Hand. Die Südweststaatler versuchen in der Schwäbischen Alb Anhänger dadurch zu gewinnen, dass sie die Bewässerung der Alb durch Umleitung der Donau vor der Versickerung versprechen!« Die Bürger dachten aber anders, und der »Südweststaat« wurde erfolgreiche Wirklichkeit.

In manchen Talbereichen zeigt sich noch der frühere, oft mäandrierende Flusslauf der Oberen Donau – hier nur mehr als Rest eines Altwassers.

Beuron ist das wohl bekannteste Kloster an der oberen Donau, es ist heute eine Erzabtei. Die Klosterkirche ist eine barocke Besonderheit aus den Jahren 1732 bis 1738. Das Hauptfresko im Kirchenschiff erzählt dabei die Gründungslegende des Klosters.

Die nahe Burg **Wildenstein** liegt rund 200 Meter über der Donau und ist heute eine Jugendherberge. Die imposante Spornburg zählt zu den besterhaltenen derartigen Anlagen in Deutschland.

Bei **Sigmaringen** verlässt die Donau ihr meist enges Juratal. Der junge Fluss hat es also geschafft, sich seinen Weg nach Osten zu bahnen. Die letzten Hürden, bevor das Tal endgültig breiter wird, sind noch der Mühlberg und der Schlossfelsen.

Hohenzollern-Sigmaringen war eine Zeit lang sogar ein eigener Kleinstaat, bevor die 1848er-Revolution den Fürsten

außer Landes trieb. Dort verschacherte er sein Gebiet gegen eine nicht unbeachtliche Leibrente an seine hohenzollerschen Verwandten in Preußen.
Ein bauernschlauer Pfarrer setzte damals die amtlichen Anweisungen folgendermaßen um: »Im Auftrag Seiner Majestät, des Königs von Preußen, muss ich euch heute davon predigen, wie sehr wir uns freuen sollen, dass wir preußisch geworden sind. Zweitens will ich darüber sprechen, dass wir dies um unserer Sünden willen auch nicht besser verdient haben.«

Zur Hallstattzeit, vor gut 2500 Jahren, war **Heuneburg** eine drei Hektar große keltische Burgsiedlung. Heute sind die Funde der jahrzehntelangen Ausgrabungen im Heuneburgmuseum zusammengetragen. Die keltische Oberschicht legte befestigte Höhensiedlungen an. Deren Mauern bestanden in der Regel aus einem verzimmerten Holzgerüst, das mit Erde und

Die Erzabtei Beuron ist ein pittoresk gelegenes Kloster inmitten des hier breiten und tiefen Donautals. Das Kloster kam nach der Säkularisation (1802) und dem preußischen Kulturkampf (1875–87) wirtschaftlich wieder auf die Beine und ist heute noch ein Zentrum kirchlichen Lebens.

Die schmale Oberdonau besitzt ein durchaus ansehnlich breites Tal aus früheren Tagen.

Steinen aufgefüllt war. Im Laufe von zwei Jahrhunderten waren in Heuneburg rund zehn solcher Befestigungen nacheinander errichtet worden. Eine Mauer war nach südländischem Vorbild aus luftgetrockneten Lehmziegeln aufgeführt und gegen den Untergrund mit einem Steinsockel isoliert. Eine unbefestigte Außensiedlung war noch wesentlich größer: Sie umfasste weitere rund 20 Hektar. Es spricht einiges dafür, dass der Grieche Herodot von Halikarnassos, der »Vater der Geschichtsschreibung«, der über die Keltenstadt *Pyrene* am Oberlauf der Donau schreibt, damit die Heuneburg gemeint haben könnte. Die Burg ist schließlich einem katastrophalen Brand zum Opfer gefallen und erst in nachchristlicher Zeit wieder besiedelt worden.

Zwiefalten im benachbarten Tal der »zwiefachen Aache« ist ein reiches Kloster, das 1740 in eine repräsentative Basilika investierte. In einer Glanzleistung des süddeutschen Barocks entstand »ein Stück schwerelosen Himmels auf der Erde«, das Illusion und Scheinarchitektur eine ungeahnte Perfektion erreichen ließ. Dem bayerischen Barockarchitekten Johann Michael Fischer (1692–1766) gelang es dabei, mit dominierenden Doppelsäulen den Blick auf den Hochaltar und Chor zu lenken.

Das ehemalige Prämonstratenserkloster **Obermarchtal** ist ebenfalls ein schlossartiger Klosterbau. Er liegt am Fuß der Schwäbischen Alb beim zweiten Donaudurchbruch mit Sicht auf den Bussen, mit 767 Metern die höchste Erhebung in der Region. Die barocke Klosteranlage Obermarchtal ist die einzige architektonisch in sich geschlossene vollendete derartige Anlage Oberschwabens. Als freie Reichsabtei hatte man sogar einen ständigen Sitz im Regensburger Reichstag. Dennoch schlug 1802 die Säkularisation auch hier zu, die Chorherren wurden vertrieben, und der Klosterbesitz fiel an das Fürstenhaus Thurn und Taxis, das aus dem geschenkten neuen Reichtum ein Schloss machen ließ.

Munderkingen liegt an einer großen Donauschleife und ist daher auf drei Seiten vom Fluss umgeben. Der beschauliche Ort bestand schon 792 als *Marcha Muntariheshuntari*. 1285 wurde er österreichisch. In der heutigen Altstadt dominieren das Rathaus aus der Renaissancezeit, der Zwiefaltener Hof, das Patrizierhaus Kircher, eine Zehentscheune des Klosters Reichenau und ein Pfarrhof. Die spätromanische Kirche beeindruckt mit einem zweiteiligen Chorgestühl aus der Werkstatt der Obermarchtaler Klosterschreinerei.

Schloss **Mochental** war früher Sommersitz der Zwiefaltener Äbte. Gleichzeitig war Mochental die Probstei, also der Verwaltungssitz für die diversen Besitzungen des Klosters in der Region. Im Schmalkaldener und im Dreißigjährigen Krieg kam es zu großen Zerstörungen, so dass man sich zu Beginn des 18. Jahrhunderts für einen barocken Neubau entschied. Das Schloss in seiner heutigen Gestalt stammt größtenteils aus dieser Zeit. Später wurde Mochental württembergisches Forstamt, heute ist dort eine Privatgalerie von Ewald Schrade untergebracht, die in wechselnden Ausstellungen moderne Kunst präsentiert.

Ehingen ist aus dem alamannischen *Ehinga* hervorgegangen. Es hat über die Jahrhunderte immer wieder versucht, freie Reichsstadt zu werden. Mit Ausnahme eines eigenen Münzrechts hat die Stadt die Vorrechte, die mit diesem Status verbunden waren, auch nahezu erreicht. Dabei war ganz Ehingen 1346 an das österreichische Herrscherhaus der Habsburger gefallen, hat es jedoch in der langen Zeit bis 1805 (in diesem Jahr wurde die Stadt württembergisch) hervorragend verstanden, deren ständige Geldprobleme für sich auszunutzen. Bis 1680 hatte die Bürgerschaft das habsburgische Pfand immer wieder ausgelöst.

Burg Wildenstein liegt gut 200 Meter über dem Donaudurchbruch durch die Schwäbische Alb. Die Spornburg erfüllt heute als Jugendherberge viele Träume und Wünsche von Heranwachsenden.

In Zwiefaltendorf schuf die Donau einen steilen Prallhang, der heute dicht bewachsen ist und von einer Kapelle gekrönt wird.

Heuneburg war eine vor- und frühgeschichtliche Höhensiedlung über dem Oberlauf der Donau. Es könnte sich um die große keltische Stadt *Pyrene* unweit der Donauquelle gehandelt haben, die der griechische Geschichtsschreiber Herodot im fünften Jahrhundert vor Christus beschrieben hat.

Sigmaringen war fast 300 Jahre lang die Hauptstadt des Fürstentums Hohenzollern-Sigmaringen, bevor der herrschende Fürst im Zuge der 1848er-Revolution das Land an die Preußen weggab.

Das Prämonstratenserkloster Obermarchtal war im Mittelalter eine bedeutende freie Reichsabtei und hatte einen ständigen Sitz im Reichstag. Der Ort war mit Bedacht gewählt, verlässt hier doch die Donau ihren zweiten Durchbruch durch die Schwäbische Alb.

Das einstige Schloss Untermarchtal ist heute eine kirchliche Einrichtung und gehört der Kongregation der Barmherzigen Schwestern.

Schloss Mochental war der Sommersitz der Zwiefaltener Äbte. Gleichzeitig befand sich hier die Probstei, also der Verwaltungssitz für die diversen Besitzungen des Klosters in der Region.

Der alte Ortskern von Munderkingen liegt auf einem von der Donau geschaffenen Umlaufberg. Heute hat sich das Stadtgebiet jedoch auch auf die anderen Ufer ausgebreitet.

Das Renaissance-Schloss und die Barockkirche St. Martin sind weithin sichtbare Wahrzeichen der Stadt Erbach.

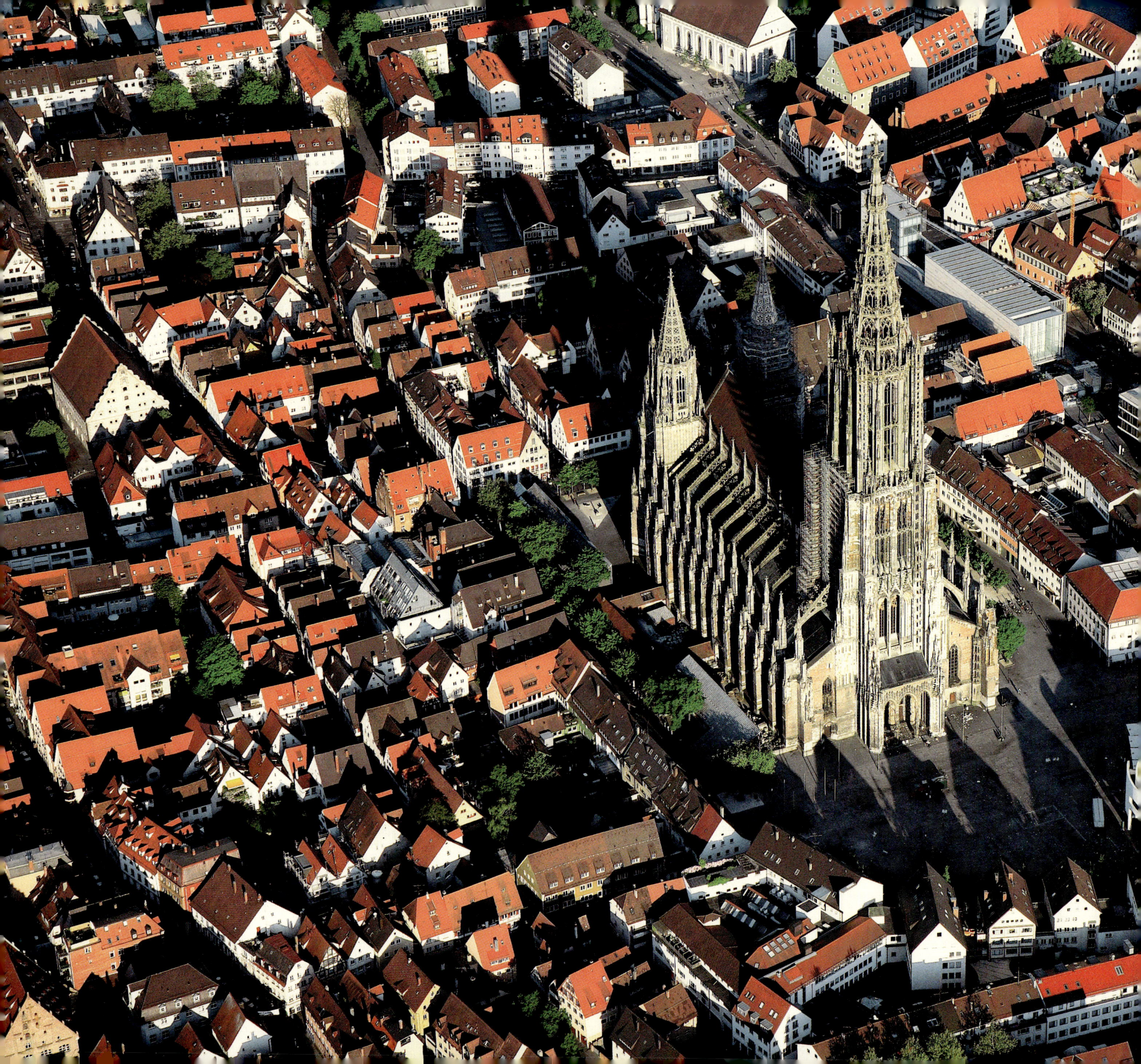

In Ulm, um Ulm und um Ulm herum

Stadt der Schiffer und eines Flugpioniers

Mit Ulm verbindet jeder wie selbstverständlich das Münster mit dem 161 Meter hohen Turm.

In Ulm, um Ulm und um Ulm herum« – an diesem Zungenbrecher hat sich wohl schon jeder versucht. Weniger bekannt ist Ulm als Dreiflüsse-Stadt mit Iller, Blau und Donau. Auf jeden Fall verbindet man mit Ulm aber das Münster mit seinem 161 Meter hohen Turm, in dem sich das Selbstbewusstsein der Bürgerschaft zeigt. Man wünschte sich nämlich eine Kirche, »finanziert aus eigener Kraft und ohne Gängelung«, und plante ein Gotteshaus, in dem deutlich mehr Menschen Platz fanden, als damals Ulm Einwohner hatte. Fertig wurde der Turm allerdings erst in den 1880er Jahren, denn zu Beginn des 16.Jahrhunderts wandte sich die Bürgerschaft dem neuen Glauben zu, und der hielt nichts von gotischen Kirchenbauten. Die Westfront war daher über Jahrhunderte hinweg nur 70 Meter hoch aufgeführt, der Turmblock war ein unfertiger Stumpf. Er wurde jedoch schließlich – wenn auch mit ein paar Jahrhunderten Verspätung – nach alten Plänen im Jahr 1890 mit 161,6 Metern Höhe zum höchsten steingemauerten Kirchturm der Welt vollendet. 768 Stufen führen hinauf. Die Seitenschiffe sind bis zur Westfront vorgezogen, so dass der Turm nicht wie üblich aus der Fassade entwickelt, sondern in sie eingesenkt ist.

Die ehemalige Bundesfestung in Ulm ist ein Ausdruck einer längst vergangenen Reichspolitik. Sie wurde um die Mitte des vorletzten Jahrhunderts zur Sicherung des deutschen Bundesgebietes angelegt.

»Ulmer Schachteln« sahen wirklich wie schwimmende Schachteln aus. Diese langen Lastkähne hatten einen flachen Kiel und hüttenartige Aufbauten; sie galten als besonders zuverlässige Boote für die Donauschifffahrt. Die letzte gewerbliche Ulmer Schachtel wurde 1896 donauabwärts gesteuert: »Als letzter Meister schließ ich die Reih / denn mit der Schifffahrt ists vorbei. / Hinunter nach dem schönen Wien / ließ ich die letzte Zille ziehn«: Aus diesem melancholischen Vers ist auch ersichtlich, dass die Ulmer Schiffleute niemals von »Schachteln« sprachen; schließlich betrachteten sie diese Benennung als eine grobe Herabwürdigung ihrer Schiffbaukunst. Sie sprachen lieber von Zillen. Diese waren meist 30 Meter lang, bis vier Meter hoch und bis zu siebeneinhalb Meter breit. In der Mitte und am Bug gab es zwei Ruderblätter, am Heck zwei bis vier davon.
Die Ulmer Schachteln werden oft mit den schwäbischen Siedlern in Ungarn und im heutigen Rumänien in einem

Atemzug genannt. Als nach dem zweifachen Türkeneinfall weite Landesteile wieder befreit, aber menschenleer waren, holte man im 18. Jahrhundert in drei Siedlungswellen unter den österreichischen Herrschern Karl VI., Maria Theresia und Joseph II. gut 100 000 Schwaben ins Land. Damals ging in der Fahrsaison oft jede Woche ein Schiff mit bis zu 150 Personen von Ulm nach Wien. Kein Wunder, dass man die entsprechenden Gebiete in Ungarn bald die »Schwäbische Türkei« nannte. Die Ansiedlungen verliefen nicht immer problemlos, zumal die Werbeagenten zu oft ein Land versprachen, »in dem Milch und Honig fließen«. Manche Siedler kamen daher nahezu mittellos und nur mit einem Bündel nach Ulm, um von dort aus mit dem Schiff ins »Gelobte Land« zu reisen. Nach dem Zweiten Weltkrieg kam über diese Volksgruppe die Katastrophe der ethnischen Säuberung, als die Siegermächte im Potsdamer

Die Ulmer Altstadt zeigt mittelalterliches Flair, obwohl im letzten Krieg sage und schreibe 21 alliierte Bombenangriffe viel zerstört hatten.

Gleich unterhalb Ulms lohnt es sich, das durch die Iller beträchtlich verstärkte Donauwasser aufzustauen.

Abkommen die »ordnungsgemäße Überführung deutscher Bevölkerungsanteile« beschlossen. Auch Ungarn nutzte damals die Gelegenheit, im Windschatten der Kriegssieger das Land ethnisch zu säubern, und bereicherte sich am hart erarbeiteten Land der deutschen Minderheit.

Der »**Schneider von Ulm**« ist zwar überregional bekannt, sein Name Albrecht Ludwig Berblinger allerdings weniger. Immerhin hatte der wagemutige Mann rund 80 Jahre vor Otto Lilienthal im Jahr 1811 einen Gleitflug mit eigener Muskelkraft gewagt. Der entscheidende Versuch fand von der 13 Meter hohen Adlerbastei statt und schlug fehl: Der Pilot plumpste wie ein Stein ins Donauwasser. Er hatte einige Zeit einen günstigen Aufwind abgewartet, bis ihn ein ungeduldiger Gendarm hinunterschubste. In ganz Deutschland dichtete man in der Folgezeit Spottverse; Berblinger kam danach noch eine Zeit lang in der Ulmer Reiterei als Schneider unter, bevor er 1829 »an Auszehrung« starb und auf dem Armenfriedhof begraben wurde. Sein Grab ist daher verschollen. Heutzutage ehren die Ulmer jedoch stolz ihren Flugpionier mit einer eigenen Marmortafel. Berblinger hat wahrscheinlich nur Pech gehabt, da wegen der kalten Iller oft Abwinde statt Aufwinde vorkommen können. Flugfähig war sein Apparat wohl gewesen, jedenfalls wurde kürzlich ein detailgetreuer Nachbau erfolgreich getestet.

Ulm war im Lauf seiner Geschichte nur ganze acht Jahre bayerisch, Neu-Ulm ist es immerhin schon 200 Jahre. Heute ist Ulm und Neu-Ulm eine Doppelstadt, getrennt nur durch die Donau und eine Landesgrenze. Rund 170 000 Einwohner verteilen sich in zwei ungleiche Hälften von zwei und einem Drittel. Zu einer bedeutenden Siedlung wurde Neu-Ulm in den Jahren 1844 bis 1857 als weiträumiger Brückenkopf der deutschen Bundesfestung. Heute ist Ulm Universitätsstadt und Neu-Ulm Fachhochschulstadt. Man arbeitet trotz der Landesgrenze zusammen, beispielsweise bei der Gewerbevermarktung – und teilt sich die Einnahmen. Ulm und Neu-Ulm sind moderne Beispiele, dass Grenzen nicht zwangsläufig ausgrenzen müssen.

Mit der Mündung der Iller wird die Donau ein richtiger Fluss, der fortan keine Wasserprobleme mehr hat. In vielen Monaten des Jahres führt die Iller sogar deutlich mehr Wasser als die Donau.

Die schwäbische Donau

Von kriegerischen Fürsten und bürgerlichem Selbstbewusstsein

Die Reisensburg in Günzburg wurde um 700 vom Geographen von Ravenna als eine der wichtigsten Burgen der Alamannen erwähnt. Heute gehört sie einer Stiftung und zum Körperschaftsvermögen der Universität Ulm.

Von Ulm donauabwärts kommen wir nach **Leipheim.** Es gehörte auch 350 Jahre zu Ulm, das 1453 den Ort für 23000 Gulden aufgekauft hatte. Im Bauernkrieg wollte man sich gegen diese Herrschaft wehren, jedoch scheiterte der »Leipheimer Haufen«, und rund 3000 Bauern mussten damals ihr Leben lassen. Der dreigeschossige Zehentstadel mit seinen ansehnlichen Dachgauben war ein Symbol der Abgabenlast an die Reichsstadt. Auch die Wehrhaftigkeit des Schlosses zeugt von einer nicht immer friedlichen Nachbarschaft. Heute lassen wir uns von der Schönheit der Anlage beeindrucken und vergessen allzu gerne den menschlichen Preis, den die sogenannten kleinen Leute dafür zahlen mussten.

Günzburg gehörte genau 504 Jahre zu Österreich und war ein wichtiger Brückenkopf der Wiener Strategen. Die Stadt war denn auch im April 1770 eine Station des Hochzeitszugs der Habsburgerin Marie Antoinette nach Paris. Der Tross bestand damals aus 370 Pferden und 57 Kutschen. Die junge Prinzessin war auf dem Weg zur Traumhochzeit des Kontinents; niemand konnte ahnen, dass sie als französische Königin 23 Jahre später wie ihr Mann Ludwig XVI. unter dem Fallbeil enden würde.

Bedeutendstes Baujuwel der Stadt ist die Frauenkirche, die von keinem Geringeren geplant wurde als von Dominikus Zimmermann, dem Erbauer der berühmten Wieskirche bei Steingaden. Im Innern kommt die ganze Pracht spätbarocker Kirchenarchitektur zur Entfaltung. Hohe Fenster tauchen den Altar in helles Licht, der langgezogene Chor ist von einer Empore umgeben.

Die Altstadt von Günzburg. Mit der Frauenkirche nennt die Stadt ein bedeutendes spätbarockes Kunstjuwel ihr Eigen, dessen Baumeister kein Geringerer als Dominikus Zimmermann war.

Das nahe **Gundremmingen** ist ein Kernkraftwerks-Standort. Dabei muss die Donau ihr Wasser für die Kühlung des Reaktors hergeben.

Lauingen kam bereits 1269 als Erbschaft an Bayern. Der 55 Meter hohe Stadtturm mit seinen 16 Stockwerken symbolisiert das Selbstbewusstsein der Stadtherren. Der wohl größte Sohn der Stadt wirkte stromabwärts als Regensburger Bischof, allerdings nur zwei Jahre lang (1260 bis 1262). Bekannt geworden ist er als Albertus Magnus. Geboren um 1200 als Albert von Lauingen, erarbeitete sich im Laufe seines Berufslebens den Ruf eines Universalgelehrten; daher erhielt er den ehrfürchtigen Beinamen Magnus, »der Große«. Er lehrte unter anderem in Köln, Würzburg, Straßburg und Paris und gilt als der Begründer des christlichen Aristotelismus, weil er das Gedankengut der griechischen Philosophie mit den christlichen Lehren vereinte. Im Jahr 1931 wurde Albertus Magnus heilig gesprochen und in den Rang eines Kirchenlehrers erhoben.

Das entscheidende Jahr für **Dillingen** war 1258, als das Hochstift Augsburg neuer Herr der Stadt wurde. Der letzte Graf von Dillingen, Hartmann V., wurde nämlich zum Bischof von Augsburg geweiht und vermachte wenig später seine Herrschaft dem Hochstift am Lech. Fortan entwickelte sich das Donaustädtchen zur heimlichen Residenz der Augsburger Bischöfe, die in der Reichsstadt selbst mehr und mehr an Einfluss verloren. 1549 wurde sogar eine Hohe Schule gegründet, die bald zur Universität aufgewertet wurde. Diese (theologische) Universität konnte zeitweise auch Freiburg, Tübingen oder Heidelberg das Wasser reichen. So war Dillingen eine Zeit lang das »schwäbische

Die Donau ist unterhalb Ulm über weite Strecken kaum von Siedlungen gesäumt, wie die einsam gelegene Kirche am Donauufer unterstreicht.

Rom«. Auch wenn diese Ära nur gut 250 Jahre dauerte, scheint dennoch der Geist der Stadt davon noch geprägt zu sein. Heute befindet sich die Akademie für Lehrerfortbildung und Personalführung in der ehemaligen Universität mit dem Jesuitenkolleg.

Das Stadtbild **Höchstädts** wird vom Schloss und einer spätgotischen Pfarrkirche geprägt. Auch ansonsten zeigt sich der Ort als gewachsenes, traditionelles Ensemble. Europaweit bekannt wurde Höchstädt 1704 durch die »Battle of Blenheim« (eigentlich Blindheim, ein Ort in der Nähe), als vor den Toren der Stadt rund 25 000 Mann ihr meist junges

Leben lassen mussten. Es war die größte Schlacht des Spanischen Erbfolgekriegs, des so genannten »Weltkriegs des Barock«, in der 56000 Bayern und Franzosen gegen 52000 Engländer, Österreicher und Holländer kämpften. Auslöser des Krieges war der kinderlose Tod des spanischen Königs Karl II. gewesen. Zwar hatten sich die damaligen Großmächte Österreich und Frankreich darauf geeinigt, mit den bayerischen Wittelsbachern eine Mittelmacht zum Zuge kommen zu lassen, und den minderjährigen Prinzen Joseph

Gundremmingen ist einer der bayerischen Kernkraftwerksstandorte, der das Flusswasser zu Zwecken der Kühlung nutzt.

Ferdinand als Alleinerben der spanischen Länder akzeptiert. Als jedoch ein Geschwader von 24 Schiffen den Prinzen in Brüssel abholen sollte, lebte der Bub schon nicht mehr. Daraufhin sollte ein Enkel Ludwigs XIV. von Frankreich das gesamte spanische Reich erben – wogegen sich in einer »Großen Allianz« ein nahezu geschlossener europäischer Widerstand formierte. Bayern setzte auf die französische Karte und damit auf die angeblich unbesiegbare Armee des »Sonnenkönigs« – und verlor alles. Einen Lohn für die Überlebenden gab es aber auch dann nicht, wenn man auf der Seite des Siegers seinen Kopf hingehalten hatte. Anders war es nur bei den beiden siegreichen Heerführern: Prinz Eugen erhielt eine »ewige und vollständige Steuerfreiheit« für sein Wiener Winterpalais, dem Herzog von Marlborough wurde der monumentale Blenheim-Palast in England erbaut. Einer seiner Nachkommen zwei Jahrhunderte später war Winston Churchill, der das Schlachtfeld auch nachweislich besucht hat.
Der bayerische Kurfürst Max Emanuel hatte sich jedenfalls verspekuliert; Habsburg und Österreich waren durch diesen Sieg gerettet. Max Emanuel floh, und österreichische Truppen rückten in Bayern ein. In den nächsten beiden Jahren flammten Aufstände gegen die österreichischen Besatzer auf, die jedoch allesamt im Blut untergingen. In der Sendlinger Mordweihnacht und im niederbayerischen Aidenbach starben Tausende von Bayern für einen Herrscher, der sein Land im Stich gelassen hatte.
Nach einem langen Jahrzehnt zäher militärischer und politischer Auseinandersetzungen wurde das spanische Weltreich schließlich geteilt: Der französische Erbe erhielt den

spanischen Thron. Die spanischen »Außenbesitzungen« Mailand, Neapel, Sardinien und die Spanischen Niederlande fielen an die österreichischen Habsburger, England erhielt Gibraltar und Teile Kanadas. Nur der bayerische Kurfürst ging leer aus. Max Emanuel ist ein Beispiel, wie manche Herrscher sich zu politischen Fehleinschätzungen hinreißen ließen und das ihnen anvertraute Volk ins Verderben rissen, ohne dass ihnen das mehr ein paar Vermögenseinbußen einbrachte. Zur Rechenschaft wurden sie niemals gezogen.

Vor rund 400 Jahren wurde aus dem vormaligen reichsfreien Schwäbischwörth das bayerische **Donauwörth**. 1607 wurde nämlich über die Stadt die Reichsacht verhängt und bald darauf von bayerischen Soldaten vollstreckt. Der Kaiser, der den Bayern diesen Strafvollzug hätte bezahlen müssen, entlohnte sie anstatt dessen, indem er ihnen die Stadt übergab. Auslöser für die drakonische Strafe waren schwere Übergriffe religiöser Eiferer gewesen: Protestantische Fundamentalisten waren über eine Prozession des Heiligkreuzklosters hergefallen. Der katholische Kaiser hatte daraufhin die Reichsacht verhängt, was sein Recht war, aber einen groben Mangel an politischen Weitblick erkennen lässt. Manche Historiker sehen in dieser Strafaktion einen der Auslöser für den Dreißigjährigen Krieg, der ein Jahrzehnt später mit dem berüchtigten Fenstersturz von Prag begann.

Das Selbstbewusstsein der Bürgerschaft drückt sich in der gotischen dreischiffigen Stadtpfarrkirche aus, die 1467 geweiht wurde. 218 Stufen führen auf den Turm, der zugleich die *Pummerin* trägt, die schwerste Kirchenglocke Schwabens. Ganz neu aus dem Jahr 1977 ist der Reichsstadtbrunnen, der von Bürgern aus Anlass der »Feier der 1000-jährigen Brückenstadt« gestiftet wurde.

Rathäuser waren in jeder Freien Reichsstadt immer ein wichtiges politisches Zentrum. Auch in Donauwörth ist diese Reichsstadtherrlichkeit am dreigeschossigen Rathaus architektonisch sichtbar. Es hat zwar zahlreiche bauliche Veränderungen durchgemacht, doch für jeden Bürger trug das mächtige Stadtwappen über dem Portal die Botschaft

Lauingen fiel frühzeitig durch Erbschaft an Bayern und war lange eine wehrhafte Residenzstadt des Herzogtums Pfalz-Neuburg.

Die ehemalige theologische Universität mit dem Jesuitenkolleg in Dillingen beherbergt heute die Akademie für Lehrerfortbildung und Personalführung.

der politischen Eigenständigkeit. Das gleiche Selbstbewusstsein drückt sich auch in dem zweigeschossigen Fuggerhaus aus.

Das Grab der Maria von Brabant zeugt von der Mordtat eines bayerischen Herzogs; ihr eifersüchtiger Gatte Ludwig der Strenge ließ sie 1256 auf den bloßen Verdacht der Untreue hin enthaupten. Die Tat hatte jedoch keine rechtlichen Folgen, der Herzog führte weiterhin seine Amtsgeschäfte und heiratete erneut.

Dillingen war über viele Jahrhunderte heimliche Residenzstadt der Augsburger Bischöfe, nachdem ein Dillinger Graf zum Bischof in Augsburg gewählt worden war und seine Grafschaft dem dortigen Hochstift vermacht hatte.

Das Stadtbild Höchstädts ist vom ausgedehnten Schloss mit seinem mittelalterlichen Bergfried geprägt.

Donauwörth kam als vormaliges reichsfreies Schwäbischwörth mit neuem Ortsnamen in bayerische Hand, nachdem es wegen wiederholter Ausschreitungen gegen die Katholiken mit der Reichsacht belegt worden war.

Der Lech ist der zweite große Nebenfluss, der der Donau große Wassermengen aus den Alpen zuführt. Durch viele Staustufen ist er heute weitgehend gezähmt, so dass Hochwasser nicht mehr so ausgeprägt ausfallen können.

Steppberg mit der Antoniuskapelle und dem Schloss liegt an der Mündung der Ussel in die Donau. Hierher hatte sich die junge Kurfürstenwitwe Maria Leopoldine nach dem Tod ihres greisen Ehemannes Karl Theodor zurückgezogen.

Die oberbayerische Donau

Residenzen und Festungen

Neuburg an der Donau wurde 1505, nach dem Landshuter Erbfolgekrieg, für gut 200 Jahre die Residenzstadt der Jungen Pfalz. Die Nachfahren der hier regierenden Wittelsbacher bekamen durch schlichte Erbfolge später in Heidelberg und Mannheim und schließlich sogar in München das Sagen.

Das majestätische Schloss **Leitheim** war die Sommerresidenz des Klosters Kaisheim. Die Schlosskirche prunkt mit feinstem Rokoko und herausragenden Stukkaturen. Ein weiteres sehenswertes Schloss ist **Bertoldsheim,** der größte Barockbau der näheren Umgebung. Auf einem hohen Felsen über der Donau gelegen, gruppiert sich die imposante Dreiflügelanlage um einen Ehrenhof.

Bei **Stepperg** zeigt sich einmal wieder, wie auch Flussläufe einem Wandel unterworfen sein können: Hier nahm die Donau bis in die Würmeiszeit hinein ihren Weg nach Norden durch das heutige Wellheimer Trockental hinüber zum Altmühltal.

Neuburg hatte bereits zur Römerzeit ein Kastell. Seine große Zeit erlebte die Stadt jedoch ab dem Jahr 1505, als man nach dem Landshuter Erbfolgekrieg mit der Jungen Pfalz ein neues Fürstentum schuf und Neuburg zur Residenzstadt aufstieg. Ottheinrich (1502–1559) wurde noch im Kindesalter erster Fürst. Als er volljährig war, wollte er aller Welt beweisen, was in ihm steckte. Es plante in Neuburg eine Residenz, die das »Echo aller Hauptstädte« der damaligen Welt sein sollte. Schon der Eingang zum Innenhof vermittelt mit seinem Tonnengewölbe die Staatsauffassung eines Renaissancefürsten, das Portrait des Bauherrn tut ein Übriges. Auch bei der Schlosskapelle wurde an nichts gespart, manche sprechen sogar von der »Sixtina des Nor-

Wenn die Donau Oberbayern kreuzt, kann sie stellenweise schon eine beachtliche Breite aufweisen.

Das abgelegene ehemalige Jagdschloss Grünau sah vor allem zu Zeiten Ottheinrichs (1502–1559) rauschende Barockfeste.

dens«. Der Innenhof des Ottheinrichbaus gilt allgemein als der schönste Flügel des Schlosses. Die hohen doppelstöckigen Arkaden strahlen ein geradezu südländisches Flair aus. Stadt und Schloss sollten in Ottheinrichs weltmännischen Maßstäben eine Einheit werden. In den wildreichen Waldungen an der Donau ließ er – für seine Frau – das Jagdschloss **Grünau** anlegen (»Sein Gnad nennt es die Grienaw«). Hier wurden rauschende Feste gefeiert, bei denen sogar Reiter die breite Treppe hinaufsprengten.

Bald aber wurde klar, dass Ottheinrich sich finanziell schlicht und ergreifend übernommen hatte. Sein Geld reichte weder für seine ehrgeizigen Bauvorhaben noch für seine verschwenderische Lebensweise. Im Jahr 1536 war er wegen seiner ständigen Finanznot sogar mit einem kleinen Tross nach Krakau aufgebrochen, um die Mitgift seiner Großmutter Hedwig einzufordern. Ottheinrichs Großvater Georg der Reiche hatte die polnische Königstochter 1475 in der prunkvollen »Landshuter Hochzeit« geheiratet, ihre Mitgift war jedoch nie ausgezahlt worden.

Im Jahr 1544 musste der Fürst schließlich Bankrott anmelden; er hatte mehr als eine Million Gulden Schulden aufgehäuft. Auch die konsequente Einziehung der Kloster- und Kirchengüter nach seinem Übertritt zum protestantischen Glauben hatte nichts daran ändern können. Die Münchner Verwandtschaft wäre bereit gewesen, ihn mit 200 000 Gulden zu unterstützen – wenn er nicht den Glauben gewechselt und sich am Kirchengut vergriffen hätte. Doch hier hatte Ottheinrich anscheinend einmal richtig gerechnet und festgestellt: Der Wechsel der Konfession würde ihm mehr irdischen Reichtum einbringen.

Ingolstadt wirbt mit dem Slogan »Alter Kern mit grüner Schale« und meint damit das geschlossene historische Stadtbild, das im Halbkreis zur Donau von einem breiten Grüngürtel, dem Glacis, umgeben ist.

Ingolstadt wirbt mit dem Slogan »Alter Kern mit grüner Schale« und meint damit das geschlossene historische Stadtbild, das im Halbkreis zur Donau von einem breiten Grüngürtel, dem Glacis, umgeben ist. Ingolstadt war im Laufe der Jahrhunderte Herzogsstadt, Universitätsstadt und Landesfestung. Unter Herzog Stephan III. (dem so genannten Kneissl) wurde Ingolstadt Ende des 14. Jahrhunderts Haupt- und Residenzstadt des durch die Erbteilung entstandenen Herzogtums Bayern-Ingolstadt. Ludwig der Gebartete führte Stadt und Land schließlich zur Hochblüte. Er

hatte in jungen Jahren in Paris am Hof seiner Schwester Elisabeth (Isabeau von Bayern) gelebt, die mit dem schwachsinnigen König Karl VI. von Frankreich verheiratet war. Mit erheiratetem französischen Geld machte er Ingolstadt zur prächtigen Residenzstadt, das Neue Schloss (1417/18) wurde begonnen und ebenso das Liebfrauenmünster (1425); es war so großzügig ausgelegt, dass die gesamte Bevölkerung der Stadt gleich mehrmals darin Platz finden konnte. Dennoch endete Ludwig 1447 als Gefangener seiner Landshuter Verwandtschaft auf der Feste Burghausen. Dort hatte der 80-Jährige bis zu seinem Tod die Zahlung des geforderten Lösegeldes verweigert, obwohl sein Vermögen dazu durchaus ausgereicht hätte. Mit seinem Tod erlosch schließlich die Ingolstädter Herzogslinie.

Die militärische Vergangenheit Ingolstadts ist nicht zu übersehen. Fast in jedem größeren Krieg wurde an den Wehranlagen gearbeitet. Jeder Schüler in der Stadt kennt wohl den Spruch des bayerischen Kurfürsten Maximilian, der von 1597 bis 1651 (zunächst noch mit dem Herzogstitel) regierte: »München soll mich nähren, zu Ingolstadt will ich mich wehren«. Den berühmten Stadtmauerring mit 86 Türmen hatte Ingolstadt jedoch schon seit Ende des 14. Jahrhunderts. Selbst das schwedische Invasionsheer Gustav Adolfs musste hier im Dreißigjährigen Krieg unverrichteter Dinge abziehen.

Die bis heute erhaltenen Befestigungen stammen meist aus dem 19. Jahrhundert, als König Ludwig I. sich mit dem Bau der klassizistischen Festung »einen Rückzugsort für Notzeiten« sichern wollte. Ingolstadt wurde zur bayerischen Landesfestung. Damals entstand ein Festungsgürtel mit fünf Doppeltoren und Vorwerken. Das Südufer wurde mit dem halbkreisförmigen »Reduit Tilly« gesichert.

Das Armeemuseum im Neuen Schloss, mit einer Zweigstelle im Reduit Tilly, passt nahtlos in diese Vergangenheit. Als Garnisonsstandort wurde Ingolstadt schließlich wegen der *Pioniere in Ingolstadt* auch literarisch berühmt. Die Schriftstellerin Marieluise Fleißer (1901–1974) schrieb dieses Stück, das in erster Linie die Beziehungen von Soldaten zu ihren Mädchen beschreibt. Bertolt Brecht inszenierte es bei der Uraufführung 1929 als Provokation gegen das Militär und löste damit einen Skandal aus, der beträchtliche Wellen schlug. Fleißer wurde für einige Zeit in ihrer Ingolstädter Heimat zur unerwünschten Person.

Mit dem Schloss in Ingolstadt verbindet sich die Erinnerung an die große Zeit als eines der Machtzentren Bayerns.

Obwohl jüngeren Datums, könnten die Ingolstädter Festungsmauern den Spruch von Kurfürst Maximilians nachdrücklich unterstreichen: »München soll mich nähren, zu Ingolstadt will ich mich wehren«.

Vohburg war 1432 Ort der heimlichen Hochzeit des jungen Herzogs Albrechts III. mit der Augsburger Bürgerstochter Agnes Bernauer.

Kelheim und Weltenburg

An der Wiege eines bayerischen Herrschergeschlechts

Am oberen Eingang der Weltenburger Enge befindet sich in einer Donaukehre mit Weltenburg das bekannteste und wohl auch älteste Kloster Bayerns. Kaum ein Ensemble symbolisiert so sehr eine Einheit von Kultur und Natur wie das Kloster Weltenburg, die Donau und die Weltenburger Enge.

Die nächste Station unserer Donaureise ist **Eining.** Die Römer mit ihrem Gespür für strategisch wichtige Punkte legten hier an der Abens-Mündung das Kastell Abusina an. Es sperrte nicht nur den Donauübergang, sondern sicherte auch die Donauschifffahrt, die Fernstraßen und wohl auch den Ostabschnitt des Limes. Am oberen Eingang der Weltenburger Enge befindet sich in einer Donaukehre das bekannteste und wohl auch älteste Kloster Bayerns. **Weltenburg** ist zwar die räumlich kleinste Abteikirche des Landes, künstlerisch jedoch die vielleicht schönste. Die Brüder Cosmas Damian und Egid Quirin Asam sind ihre Schöpfer. Der eine arbeitete als Maler, der andere als Bildhauer und Stuckateur. Cosmas Damian war dabei ein »Meister der scheinräumlichen Deckenmalerei, die einen Raum ins scheinbar Unbegrenzte erweitern konnte«. Die malerische Scheinarchitektur lässt den Kirchenraum wie eine Gralsburg in den Lüften schweben – Symbol unserer Wiederkehr in einer anderen Welt. Der Hochaltar mit dem Standbild des heiligen Georg, der wie von verborgenen Scheinwerfern angestrahlt funkelnd auf einem tänzelnden Pferd sitzt, ist ein Meisterwerk der Lichtwirkung. Der Heilige reitet aus dem Gegenlicht des Chores geradewegs auf die Kirchengemeinde zu und ist gerade im Begriff, mit seinem flammenden Schwert den Drachen zu töten und damit die Königstochter zu retten.

Das Hochwasser reicht in Weltenburg oft bis an die Klostermauern.

Die canyonartige **Weltenburger Enge** mag angesichts der gewaltigen steilen Felsenwände wie ein Donaudurchbruch erscheinen; dennoch gehen nur die untersten 15 bis 20 Meter des rund 180 Meter tiefen Einschnitts auf die Erosionsarbeit des Flusses zurück. Geologen sprechen daher lieber von einer Enge, durch die sich »die Donau zwängen muss«. Den Löwenanteil der Erosion hatte in vielen Jahrtausenden ein namenloser Nebenfluss der Ur-Donau geleistet.

Die **Befreiungshalle** hoch über der eingekeilten Donau ist ein steinernes Denkmal der Vaterlandsbegeisterung von Bayernkönig Ludwig I. Der Architekt wählte zusammen mit dem dreistufigen Sockel und der repräsentativen Freitreppe eine symbolträchtige Symmetrie: Der Rundbau ist genau genommen ein Achtzehneck, und 18 war die Zahl

der an der Völkerschlacht bei Leipzig (1814) beteiligten deutschen Volksstämme. Deren Namen kann man auch an der Außenseite des Bauwerks lesen, von weiblichen Figuren gehalten.

Kelheim war unter Herzog Ludwig I. (1173–1231) bayerische Landeshauptstadt. Vermutlich ist der Ort am Zusammenfluss von Altmühl und Donau sogar die eigentliche Wiege der Wittelsbacherherrschaft in Bayern, da Pfalzgraf Otto in der dortigen Burg geboren sein soll. Otto wurde von Kaiser Friedrich Barbarossa als Herzog über Bayern ausgesucht, weil er ihn beim ersten Italienfeldzug in der Etschklause aus einem Hinterhalt befreit hatte. Ottos Sohn Ludwig konnte das neu gewonnene Herzogtum nicht nur halten, sondern sogar kräftig vergrößern, meist durch Erbschaft. Auch die politische Heirat mit Ludmilla, der Witwe des Grafen von Bogen, brachte dem bayerischen Herzogshaus reichsten Gebietsgewinn im Bayerischen Wald ein. An diese Hochzeit erinnert heute noch das weiß-blaue Rautenmuster des bayerischen Wappens, das ursprünglich das Abzeichen der Grafen von Bogen war. Der Herzog ging im Übrigen als Ludwig der Kelheimer in die Geschichte ein.

Links: Abusina an der Abens-Mündung war ein römisches Kastell, das nicht nur den Donauübergang sperrte, sondern auch die Donauschifffahrt, die Fernstraßen und wohl auch den ganzen Ostabschnitt des Limes sicherte.
Rechts: Die Orte Weltenburg (rechte Donauseite) und Stausacker (linke Donauseite)

Mit der Befreiungshalle hoch über Kelheim hat der schon abgedankte Bayernkönig Ludwig I. zum 50. Jahrestag der Völkerschlacht zu Leipzig seiner altdeutschen Vaterlandsbegeisterung ein steinernes Denkmal gesetzt.

Die Bad Abbacher Thermalquellen sind heute ein begehrter Ort der Linderung von Leiden.

Poikam ist ein kleiner Ort an der Donau gegenüber Bad Abbach, der vor allem durch die Donauschleuse bekannt ist.

Regensburg

Stadt am nördlichsten Punkt der Donau

Regensburg liegt am nördlichsten Knie der Donau und war schon zur Kelten- und Römerzeit besiedelt. Der Uferbereich gegenüber der Regenmündung forderte geradezu zur Anlage einer Ortschaft heraus.

Gerne zitiert man den Geheimrat Johann Wolfgang Goethe: »Die Gegend musste eine Stadt anlocken«. Regensburg wird auch häufig als ein »Drehkreuz der Geschichte« bezeichnet. Das nördliche Donauknie und die Mündung des Regen (und der Naab) begünstigten eine Ansiedlung. Sie kann auf die älteste Gründungsurkunde einer deutschen Stadt verweisen: in Stein gemeißelt, aus dem Jahr 179 nach Christus. Die Inschrift war am Tor des römischen Militärlagers angebracht, das in dieser Zeit hier neu entstanden war. In Wirklichkeit ist der Ort noch älter, da schon 194 Jahre vorher an gleicher Stelle die beiden römischen Feldherren Tiberius und Drusus die Keltensiedlung Radaspona zerstört hatten. Später wurde Regensburg die einzige Freie Reichsstadt in Altbayern inmitten bayerischen Landes. Damit war sie sozusagen ein kaiserli-

Die Naab ist der erste große Nebenfluss aus dem Norden, der mit viel Wasser in die Donau mündet. Sie entspringt im Fichtelgebirge, sammelt Wasser aus der gesamten Oberpfalz – und erscheint an der Mündung sogar noch breiter als die Donau.

cher Stützpunkt, sie war für Wien über die Donau auch gut zu erreichen. Regensburg wurde daher sehr oft Ort des Reichstags, wo der Kaiser Hof hielt, Gesetze und Schiedssprüche erließ und erledigte, was sonst an Regierungsgeschäften anfiel. Man könnte von einer Hauptstadt des Heiligen Römischen Reiches deutscher Nation sprechen, wo sich die Standesvertreter und Kurfürsten trafen.

All der Stolz der Reichsbürger auf ihre Unabhängigkeit zeigt sich im **Regensburger Dom.** Sechs Jahrhunderte wurde an ihm gebaut, zwischendurch wurde der Bau ganz eingestellt (1525) und ein Dombaumeister (Wolfgang Roritzer) sogar hingerichtet. Die Dimensionen des gotischen Turms gingen weit über den Bedarf der Bauzeit hinaus. Man wollte offensichtlich dem Anspruch einer reichsfreien Metropole genügen und ganz groß bauen. Das Dominnere weist eine schlichte, harmonische und vor allem weiträumige Bauweise auf; manche sprechen von einer gotischen Weite und einer gotischen Höhensehnsucht. Durch die Säulenbauweise wurden große Fensterflächen möglich, deren farbige Glasfenster die bis damals üblichen bemalten Steinwände ersetzten. Die vielen Glasgemälde, die mehr als sechs Jahrhunderte überdauert haben, erzählen dem Besucher beispielsweise die Geschichte der Kindheit und des Lebens Jesu, die Passion Christi oder das Leben vieler Heiliger. In der Kirche selbst haben sich über die Jahrhunderte viele Bischöfe ein weltliches Grabdenkmal gesetzt.

Das **Alte Rathaus** war über die Jahrhunderte das politische Herzstück der Stadt und des Reichs. 1454 berief der Kaiser die erste Reichsversammlung hierher ein, nachdem im Jahr zuvor Konstantinopel durch die Türken erobert worden

Regensburg ist direkt am Wasser gebaut und muss daher immer wieder mit großen Überflutungen leben. Die Regensburger haben gelernt, damit umzugehen und sich dagegen zu wappnen.

war. Bald trat der Reichstag jährlich zusammen, seine Sitzungen konnten durchaus einen Monat dauern. Schließ-

Im gesamten Mittelalter war die Steinerne Brücke der einzige feste Donauübergang zwischen Ulm und Wien. Der Hohe Rat der Stadt nahm das Bauwerk sogar in sein Siegel auf, dem »Sigillum gloriosi pontis Ratispone«.

lich, 1663, wurde der »Immerwährende Reichstag« daraus. Er war mit weisungsgebundenen Bevollmächtigten besetzt, also eine Art Gesandtenkongress. Der Kaiser war in allen Reichsbelangen von der Zustimmung des Reichstags abhängig, so dass das Gremium ihn kontrollieren und blockieren konnte. Beide Seiten waren also auf ein Zusammenspiel mit Kompromissen angewiesen. Wenn auch manche Regensburger gerne von einem ersten deutschen Parlament sprechen: Hier war der Klüngel der oberen Zehntausend unter sich. Der acht Meter hohe Sitzungssaal mit der großartigen Balkendecke beherbergte ein Lehrstück aristokratischer Empfindlichkeiten, in dem persönliche Eitelkeiten wichtiger waren als das Wohl der »gemeinen Regensburger« oder gar des ordinären Reichsvolkes.

Regensburg zog dennoch aus dieser politischen Situation bis 1803 ganz erheblichen wirtschaftlichen Nutzen, da ständig rund 70 Gesandte in den »Botschaften« am Ort residierten und durch ihre aufwändige Lebensführung Wirtschaftskraft in die Stadt brachten.

In Regensburg erreicht die Donau ihren nördlichsten Punkt überhaupt. Hier treffen die Naab und der Regen auf sie, und hier beginnt auch die fruchtbare Donauebene mit den Weiten des Gäubodens. Regensburg war sozusagen von Anfang an prädestiniert, Verkehrsknoten zu werden. Im gesamten Mittelalter war die **Steinerne Brücke** der einzige feste Donauübergang zwischen Ulm und Wien. Die berühmten Brücken des Mittelalters in anderen Städten wurden allesamt später errichtet als die in Regensburg: nämlich die längste in Prag, die schönste in Dresden, aber Regensburg hatte nach diesem Sprichwort die stärkste! Der Brückenbau wurde in einem sehr trockenen Sommer 1135 begonnen. Das Geld kam nicht von der Politik, sondern von den reichen Kaufleuten der Stadt. Das Brückenbauwissen der römischen Ingenieure war längst vergessen. Man musste technisch wieder von sehr weit vorne anfangen. Für jeden

Stadtamhof war über die Jahrhunderte eine eigene Stadt und gleichzeitig bayerischer Brückenkopf an der Donau – Regensburg als unabhängige Freie Reichsstadt stellte eine Enklave mitten in Bayern dar. Die Grenze verlief auf der Steinernen Brücke.

Brückenpfeiler wurde mit Eichenpfahlpalisaden eine eigene Insel im Strom geschaffen. Im inneren Pfahlbündel begann man mit der Gründung der steinernen Fundamente. Vermutlich wurde in diesen Inseln, den sogenannten Beschlächten, gleichzeitig gearbeitet. Dies mag auch der Grund für den leichten Knick in der Brückenführung sein, vielleicht hatte es Probleme bei der Koordination gegeben. Im Jahre 1146 wurde die Brücke fertig. Ursprünglich war wie 330 Meter lang (das 16. Brückenjoch, das erste auf der Regensburger Seite, wurde erst im 17. Jahrhundert verbaut). Seit dem Brückenbau kommt es zum berüchtigten »Strudel von Regensburg«, der in früheren Zeiten manchem Schiff zum Verhängnis wurde: Der Stau vor der Brücke kann durchaus einen halben Meter ausmachen, und das Wasser muss sich unter den Jochen mit einer starken Strömung hindurchzwängen.

Im letzten Krieg glaubte sich die deutsche Wehrmacht nicht anders helfen zu können, als einige Bögen der Steinernen Brücke zu sprengen. Dies alles hat sie zwar überstanden, heute jedoch scheint sie ihren Meister gefunden zu haben. Der Verkehr ist zwar stark eingeschränkt worden; trotzdem fahren weiterhin bis zu 30 Tonnen schwere Linienbusse über die Brücke – für das empfindlich gewordene Mauerwerk eine beachtliche statische Belastung. Dazu kommen erhebliche Schädigungen durch jahrzehntelange Verwendung von Streusalz, das ist mit der Zeit in das Mauerwerk eingedrungen ist und seine zerstörerische Arbeit getan hat. Heute wird daher eine denkmalgerechte Instandsetzung unumgänglich. Interessierte Kreise beschwören zwar gleich den Notstand für den Fall, dass man den gesamten Verkehr sperrt. Dabei würde aber eine Steinerne Brücke ohne Busverkehr für Einheimische und Besucher an Attraktivität gewinnen und ein echter Ort der Begegnung werden können.

Gleich vor den Toren Regensburgs grüßt die **Walhalla** jeden Donaufahrer. Man nennt sie auch die »Donau-Akropolis am Rande des Bayerischen Waldes«, einen »monu-

Das Marmorviereck der Walhalla fügt sich vollendet in die Landschaft ein; 52 dorische Säulen vermitteln ein klassisches Aussehen. Die beiden Giebelfelder zeigen bedeutsame Szenen aus der deutschen Geschichte, wie die legendäre Schlacht im Teutoburger Wald.

mentalen Behälter einer säkularisierten Religiosität« oder gar »Tempelkopie mit teutonischem Inhalt«. Die Walhalla ist ebenso wie die Befreiungshalle in Kelheim ein Werk Ludwigs I. Sein Entschluss zu diesem Bau war 1807 gefallen, als das Deutsche Reich zu bestehen aufgehört hatte und Napoleon Bonaparte fast ganz Europa militärisch beherrschte. Mit dem Baubeginn musste er sich allerdings bis zum Jahr 1830 gedulden. Das Marmorviereck fügt sich heute klar und einfach in die Landschaft ein, Kultur und Natur erscheinen als harmonische Einheit. 52 dorische Säulen vermitteln ein klassisches Aussehen. Die beiden Giebelfelder zeigen typisch deutsche Szenen: Im Norden wird die legendäre Schlacht im Teutoburger Wald dargestellt, im Süden die Wiedererrichtung des Deutschen Bundes nach der Befreiung von Napoleon.

Gleich vor den Toren Regensburgs grüßt die Walhalla jeden Donaufahrer.
Man nennt sie auch »Donau-Akropolis« oder »Parthenon an der Donau«.

Wörth war das Sommerschloss der Regensburger Bischöfe, das unter Beibehaltung des mittelalterlichen Bergfriedes noch vor dem Dreißigjährigen Krieg zur imposanten Anlage ausgebaut wurde.

Entlang des Bayerischen Waldes

Klöster und Residenzen

Die Donau in der breiten Gäubodenebene

W*ört(h)* war früher ein übliches Wort für Insel. So deutet der Name **Wörth an der Donau** auf einen erhöhten Grund im Wasser, auf eine Untiefe hin. In dem wuchtigen Schlosskomplex befand sich früher die Sommerresidenz der Regensburger Bischöfe.
Weiter flussabwärts besitzt **Sossau** eine herrliche einschiffige Wallfahrtskirche. Von außen sind die mittelalterlichen Formen unverkennbar, innen dominiert ein kräftiger Barock. Besonders reizvoll sind die Votivtafeln in einem Nebenraum der Kirche. Sie drücken auf unterschiedliche Weise Dank an das Gnadenbild am Hochaltar aus.

Die blaue Donau zieht sich gemächlich als breites Wasserband durch die weite Gäubodenebene.

Straubing war für ein Menschenalter die Hauptstadt Hollands und Seelands – denn so weit reichte ja einmal der Besitz des bayerischen Herrscherhauses. Doch dieses kleine Reich war nicht von Dauer, nachdem 1425 mit Johann III. die Straubinger Linie der Wittelsbacher erlosch. Die liebe Verwandtschaft (also die Herzöge von Ingolstadt, Landshut und München) teilte sich den Kuchen.
Der Straubinger Stadtplatz ist derart langgezogen, dass er gleichzeitig Hauptstraße ist. Er wird vom fünfspitzigen gotischen Stadtturm sowie der barocken Dreifaltigkeitssäule beherrscht. Die dreischiffige Kirche St. Jakob ist ein gotisches Kleinod und zählt mit zu den größten bayerischen Hallenkirchen der Zeit. Das 23 Meter hohe Gewölbe wird von zehn Säulenpaaren getragen; 20 reich ausgestattete Kapellen umgeben den gesamten Kirchenraum. Die Ursulinenkirche dagegen ist eine Rokoko-Perle, in der die Brüder Asam Architektur und Ausstattung in seltener Harmonie vereinten. In atemberaubenden Fresken erzählt Cosmas Damian Asam von der Lebensgeschichte der heiligen Ursula und dem Wirken der Ursulinen-Schwestern.
Der »Straubinger Schatzfund«, den man heute im Gäubodenmuseum bewundern kann, verweist auf das römische *Sorviodurum*. Es wurde nach dem Sieg gegen die Markomannen 173/174 nach Christus als stabiles Steinkastell ausgebaut. Rund 1000 Soldaten versahen hier ihren Dienst am »nassen

Straubing hat keltische, römische und bajuwarische Wurzeln. Der lange Stadtplatz mit vielen Unikaten von der Gotik bis zum Klassizismus atmet viel bayerische Geschichte.

Limes« der Donau. Sogar ein eigener Donauhafen stand zur Verfügung. Ein bedeutender Hortfund von Prachtrüstungen stammt wohl aus der Zeit um 233 nach Christus, als Alamannen mit massiven Einfällen das Römerreich gestürmt hatten. Damals wurden unter einem umgestülpten Bronzekessel Teile verschiedener Paraderüstungen vergraben, darunter prachtvolle Gesichtsmasken, kunstvoll filigran getriebene Beinschienen und bronzene Kopfschutzplatten für Turnierpferde. Zur Bergung der versteckten Kostbarkeiten waren die Besitzer offenbar nicht mehr in der Lage – vielleicht hatte sie der Alamanneneinfall das Leben gekostet. Bei einem anderen Hortfund (bei Kirchmatting) aus den 1930er Jahren kamen rund 1000 Goldmünzen zu Tage, die jüngste Prägung lautete auf das Jahr 233. Durch die einzigartigen Funde können wir uns ein detailgetreues Bild vom römischen Leben an der Grenze zu den germanischen Gebieten machen. Interessant ist in diesem Zusammenhang auch,

Oben: Die Burgruine Donaustauf.

Rechts: Die breite Donauebene.

dass sich nicht wenige lateinische Sprachelemente in der Gegend bis in die jüngste Zeit gehalten haben. Beispielsweise könnten die typischen bayerischen Fuhrmannsrufe »Wiah« (via = Straße), oder »Wista« (sinister = links) römischen Ursprungs sein.

Zwischen Straubing und Vilshofen ist die Donau noch ein lebendiger Fluss. Er tauscht sein Wasser mit der Aue aus, er kann in Maßen seinen Lauf noch etwas verlagern, es kommt zu einem Wechsel unterschiedlicher Abflüsse und zu unterschiedlichen Wasserständen. Besonders mit der Isar erhält die Donau einen beachtlichen Zufluss, so dass sich das Wasservolumen um rund ein Drittel erhöht. Dadurch liegt trotz der Nutzung der Donau als Schifffahrtsstraße ein beachtlicher Artenreichtum vor, den es zu erhalten gilt.

Einmal im Jahr wird Straubing zum unbestrittenen Zentrum Niederbayerns, wenn Jung und Alt zum Gäubodenfest kommen.

Der **Bogenberg** an der Mündung des Bogenbachs war zunächst ein dominanter Burgberg, der sowohl in der Bronze- wie in der Keltenzeit mit Wallanlagen verstärkt war. Dies blieb zunächst auch in bayerischer Zeit so; bis die Grafen von Bogen ihre Stammburg den Benediktinern stifteten, damit sich diese um die Marienwallfahrt kümmerten. Die Grafen von Bogen waren über lange Zeit die heftigsten Rivalen der herrschenden Wittelsbacher, zunächst waren sie sogar mächtiger. Der Kaiser hatte im Jahr 1180, nach dem Sturz Heinrichs des Löwen, das vakante Herzogtum Bayern ja bewusst nicht einem alteingesessenen Familienclan übergeben, sondern einem abhängigen Weggefährten – so wollte er endlich der bayerischen Sonderwege Herr werden. Doch innerhalb eines Jahrhunderts starben viele altadelige Dynastien aus, unter anderem auch die Grafen von Bogen. Pikanterweise heiratete die junge Witwe aus Bogen den Wittelsbacher Ludwig den Kelheimer und brachte dabei nicht nur viel Landbesitz, sondern auch das weißblaue Rautenwappen mit, aus dem das heutige Wappen des bayerischen Staates hervorging.

Oberalteich ist heute ein kleines Städtchen mit einer herrlichen barocken Pfarrkirche. Das um 770 gegründete Benediktinerkloster **Metten** war im frühen Mittelalter ein entscheidendes Kolonisationszentrum für den Bayerwald. Es nennt eine imposante und weiträumige Wandpfeilerkirche

sein eigen, dessen reiche Westfassade durch eine ausschwingende Vorhalle betont wird. Beim barocken Neubau wurde der spätgotische Chor mit einbezogen. Ein Rokoko-Gitter trennt die Vorhalle von der eigentlichen Kirche ab, deren prächtige Fresken von Cosmas Damian Asam und Andreas Heindl unter anderem die Klostergründung darstellen. Die Klosterbibliothek von Metten stammt aus den Jahren um 1720. Wie der Kirchenbau ist auch dieses Juwel barocker Dekorationskunst in einer beachtlich kurzen Bauzeit hochgezogen worden. Mächtige Atlasfiguren tragen üppig stuckierte Gewölbe, deren farbenprächtige Deckenfresken die Autoren der Bücher zeigen oder ihre Themen veranschaulichen. Vorgewölbte Bücherregale mit kunstvollen Schnitzereien scheinen nahtlos in den Stuck überzugehen. Überraschenderweise haben die 160000 Bücher, Handschriften und Wiegendrucke die unselige Zeit der Säkularisation (1803) überstanden, als andernorts Aufhebungskommissare wertvolle Klosterbibliotheken zum Kilopreis verramschten.

Der **Natternberg** besteht aus einem Gneisrücken, der als eine Art Insel hoch aus der Donauebene aufragt. Geologen erklären ihn als übrig gebliebenen Teil eines ansonsten abgesunkenen Höhenzugs, der zum Bayerischen Wald gehörte. Hier residierte im 14. Jahrhundert ein niederbayerischer Herzog, Heinrich, der den Namenzusatz »der Natternberger« erhielt. Er starb allerdings schon im Alter von 20 Jahren.

Im niederbayerischen Gäuboden wird die Donau heute von einem Damm gesäumt, der Anlieger-Orte relativ sicher vor Hochwasser schützt. Hier gab es traditionell kaum Brücken, so dass heute noch eine Gierseilfähre ihren Dienst verrichtet.

Unter Heinrich dem Natternberger wurde **Deggendorf** für ganze zwei Jahre (1331/32) Hauptstadt des Herzogtums Niederbayern. Die Stadt an der Isarmündung war schon zu keltischer Zeit besiedelt. Der Ortsname leitet sich von *Teg* ab, eine Wortwurzel, die »Wasser« bedeutet (wir kennen sie auch aus dem Namen »Tegernsee«). Der Stadtgrundriss lässt auf eine wittelsbachische Gründung im 13. Jahrhundert schließen. Deren typische Kennzeichen sind ein zentraler Stadtplatz und beidseitig davon abzweigende Straßenzüge. Deggendorf wurde im Laufe der Jahrhunderte mehrmals belagert, eingenommen und geplündert, in den Hussitenkriegen, dem Dreißigjährigen Krieg und den verschiedenen Erbfolgekriegen mit den Österreichern. Aus dem Jahre 1633 ist ein wertvoller Münzfund erhalten, den der Besitzer offenbar vor den herannahenden Schweden versteckt hatte, ihn jedoch nicht mehr bergen konnte: Rund 4000 Münzen im Wert von knapp 90 Gulden damaliger Währung sind heute ein einmaliges und kostbares Münzgut. – Der geräumige Stadtplatz wird vom Stadtturm mit abschließendem Glockenreiter dominiert. Besonders berühmt sind die skurrilen Fratzenfiguren der Fensterbänke vor den Amtsstuben des Rathauses.

Das Kloster **Niederaltaich** ist deutlich älter, als der heutige bauliche Eindruck es vermittelt, wurde es doch schon in der ersten Hälfte des achten Jahrhunderts von Bayernherzog Odilo gestiftet. Dem ersten Abt wird die Abfassung der *Lex Baiuvariorum* zugeschrieben, also das bayerische Stammesrecht schlechthin. Das Kloster hatte einen wesentlichen Anteil an der Kolonisation des Bayerischen Waldes. Der legendäre Mönch Gunther gründete beispielsweise im frühen 11. Jahrhundert eine Zelle in Rinchnach, das damals mitten im Urwald lag. Die gotische Abteikirche wurde nach einem Brand 1718 barockisiert.

Der Bogenberg war im Hochmittelalter das Zentrum der Grafschaft von Bogen, die Bayern das weiß-blaue Rautenmuster bescherte. Heute ist er ein Wallfahrtsort.

Wie manches niederbayerische Dorf hat Irlbach ein Schloss mit einer langen Vergangenheit.

Künzing weist zwei historische Besonderheiten auf, eine Kreisgrabenanlage aus der Jungsteinzeit und ein römisches Kastell. Die Burgruine **Hilgartsberg** am Donauufer nordwestlich von Vilshofen war eine weiträumige Burganlage, die Kaiser Heinrich II. dem Bistum Bamberg schenkte.

Vilshofen liegt an der Mündung der Großen Vils. Als *Filusa* erschien der Ort bereits im Jahr 800 in den Büchern eines Klosters. Überregional bekannt ist Vilshofen wegen des Wolferstetter Kellers, der durch den »politischen Aschermittwoch« und die Auftritte von Franz Josef Strauß (1915–1988) bekannt wurde. Wirtshauspolitik wird auch heute noch dort gemacht, allerdings von den kleineren Parteien.

Der Natternberg ist ein Inselberg mitten in der Donauebene. Hier residierte für zwei Jahre sogar ein Herzog mit dem Namenszusatz »der Natternberger«, der aber schon mit 20 Jahren verstarb.

Das Benediktinerkloster Metten war im frühen Mittelalter ein wichtiges Kolonisationszentrum für den Bayerwald.

Die Deggendorfer Altstadt wird von einem geräumigen Stadtplatz und einem mächtigen Stadtturm mit abschließendem Glockenreiter dominiert.

Das Deggendorfer Rathaus ist an den Stadtturm angebaut und nimmt einen dominanten Platz in der Stadtmitte ein.

Kurz vor der Mündung in die Donau besitzt die Isar wie in alten Zeiten noch einen breiten Auwald, dessen Ökosysteme nicht nur zu Hochwasserzeiten mit dem Flusslauf kommunizieren können.

Die Isar bringt als dritter großer Alpenfluss viel Wasser in die Donau. In früheren Zeiten trieben hier zahlreiche Flöße vorbei – ein Zeichen, welche Bedeutung das Land an der Isar als Holzlieferant hatte.

Hengersberg blickt auf eine gut 1000-jährige Geschichte zurück. 500 Jahre lang war man sogar eine bayerische Hofmark und hatte als eine Art Staat im Staat weitgehende Freiheiten.

Das Kloster Niederaltaich hatte einen wesentlichen Anteil an der Kolonisation des Bayerischen Waldes. Der legendäre Mönch Gunther gründete beispielsweise eine Zelle in Rinchnach.

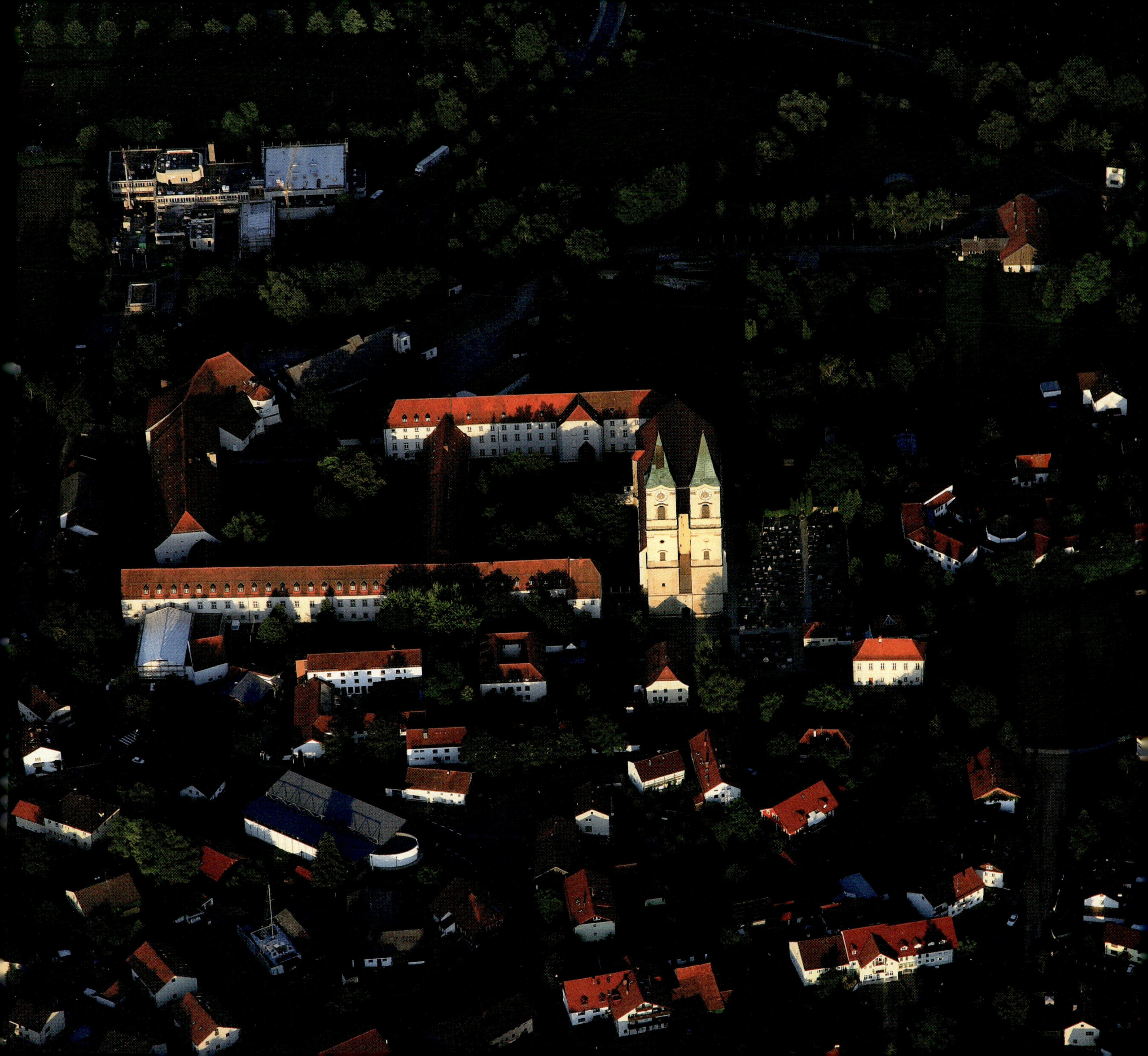

Hilgartsberg wurde erst 1742 im Österreichischen Erbfolgekrieg zur Ruine, als sich Maria Theresia und der bayerische Kurfürst Karl Albrecht um die Kaiserkrone stritten. Österreich überzog deshalb Bayern mit einem grausamen Krieg. Unter anderem ging damals der berüchtigte Pandur Trenck in Ostbayern seinem schmutzigen Waffenhandwerk nach.

Winzer ist ein idyllischer Ort am nördlichen Donauufer, dessen Ortsname auf einen früheren Weinanbau verweist. Wie viele Orte entlang der Donau hat auch Winzer eine bewegte Geschichte einschließlich einer Burgruine, die erst 1744 von ungarischen Invasoren gesprengt wurde.

Vilshofen liegt im Mündungszwickel der Vils und der Donau.

Die Dreiflüssestadt Passau

Im Barock aus der Asche geboren

Die drei Flüsse Passaus sind schon an ihrer Farbe zu erkennen: Die blaue Donau in der Mitte wird vom milchig-weißen Wasser des Inns förmlich auf die Seite gedrängt, während das schwarze Wasser der Ilz sich von links hereinkommend eher ganz nebenbei untermischt.

Die Grenzstadt auf einer gewölbten Landzunge am Zusammenfluss von Donau, Inn und Ilz war durch ihre Lage geradezu prädestiniert, zum wirtschaftlichen und kulturellen Schwerpunkt der Region zu werden. Manche Autoren sprechen vom »bayerischen Venedig«. Der »geschichtsträchtige Sporn« im Mündungszwickel zwischen Donau und Inn ist uraltes Siedlungsland. Bereits der römische Kastellname *Boiodurum* könnte auf eine Siedlung der keltischen Boier zurückgehen, die vorher dort bestand. Der römische Stützpunkt gegenüber der Ilzmündung war in den achtziger Jahren des ersten Jahrhunderts gegründet worden und konnte den Schiffsverkehr auf dem Inn und der Donau überwachen. Das später auf dem Domhügel entstandene Kastell Batavis hatte seinen Namen von der Bataver-Kohorte, deren Soldaten offenbar beim Volksstamm der Bataver in den heutigen Niederlanden ausgehoben waren. *Batavis* war dabei das östlichste Kastell der römischen Provinz Raetia, *Boiodurum* das westlichste der Nachbarprovinz Noricum. Heute steht ein spätmittelalterliches Haus auf seinen Grundmauern und beherbergt wichtige Römerfunde aus der Region.

Später, in der Mitte des 3. Jahrhunderts, wurde gegenüber von *Batavis* am Ostufer des Inns ein drittes, neues Kastell gebaut. Dieses Kastell *Boiotro* sollte den Brückenkopf zwischen Raetien und Noricum sichern. Es konnte in jüngster Zeit vollständig ausgegraben werden. Der Stadtname hat sich aus *Batavia* über *Bazzava* und *Pazzaze* zu Passau entwickelt.

Der heilige Severin ist eine markante Figur aus einer Zeit schwindender römischer Autorität im fünften nachchristlichen Jahrhundert; er machte sich in Anbetracht der anstürmenden Germanen für eine große Umsiedlungsaktion nach Italien stark. Nach seinem Tod 482 ging auch bald das christliche Gedankengut in der Region verloren. Erst der heilige Bonifatius machte Passau fast drei Jahrhunderte später wieder zum Zentrum der Ostmissionierung. Noch einmal 250 Jahre

Der Passauer Dom ist der größte Barockbau des 17. Jahrhunderts nördlich der Alpen. Bei der Innenausstattung spricht man mit Hinweis auf den Baumeister Giovanni Battista Carlone wegen der schweren Stuckelemente gerne von »carlonesken« Stuckdekorationen.

Passau ist untrennbar seinen drei Flüssen verbunden. Dabei stellt sich immer wieder die alte Frage, ob denn nun der Inn in die Donau oder die Donau in den Inn mündet.

danach hatte sich die kirchliche Macht soweit gefestigt, dass Kaiser Otto III. das Bistum politisch von Bayern lösen und ein unabhängiges Fürstbistum schaffen konnte. Bischof Pilgrim (970–991) bekam damals den gesamten Bezirk des Königguts zugesprochen und die Oberherrschaft über die Stadt übertragen. Passau hatte das Münz- und Marktrecht, den Zoll sowie natürlich Gerichtsbarkeit. Dadurch wurde auch die jahrhundertelange Dreiteilung der Stadt in einen bischöflichen, bürgerlichen und klösterlichen Teil vorgezeichnet.

Die Passauer Altstadt steht dicht gedrängt zwischen Inn und Donau.

Es ist keinesfalls übertrieben, den Handel mit Salz als das wirtschaftlich wichtigste Standbein Passaus im Mittelalter zu bezeichnen. In Mautbüchern sind unvorstellbare Summen von jährlichen 400 000 Gulden Umsatz vermerkt; dies ist der doppelte Betrag, den beispielsweise mittelrheinische Handelsstädte verzeichnen konnten. Dennoch schaffte es die Bürgerschaft Passaus nicht, es den vielen Reichsstädten im Lande und entlang der Donau gleichzutun und sozusagen auf eigene Rechnung zu arbeiten: Passau wurde niemals Freie Reichsstadt. Entsprechende Versuche der Bürgerschaft wurden rigoros im Blut erstickt, da die Fürstbischöfe nicht zur Teilung der Macht bereit waren. Der legendäre Schiffmeister Andreas Haller musste dabei im 14. Jahrhundert sein Leben lassen.

1390 erhielt Passau (das hieß unter den gegebenen Umständen: der Bischof) das »alleinige Salzniederlegerecht«. Nun konnte niemand mehr Salz an Passau vorbeitransportieren, ohne es angelandet und dort zum Verkauf angeboten zu haben. Salzach, Inn und Donau waren dabei die Salztransportwege und die Achse eines ausgedehnten Salzstraßensystems. Mit Zillen und Schiffszügen wurde das »weiße Gold« oft über hunderte von Kilometern transportiert.

Passau wird heute wegen seines einheitlichen italienisch-barocken Baustiles bewundert. Dessen Ursache ist allerdings in zwei Katastrophen zu suchen, den beiden fürchterlichen Stadtbränden von 1662 und 1680. Nicht einmal 15 Jahre nach dem Desaster des Dreißigjährigen Krieges, in dem unter dem Deckmäntelchen der Religion verschiede-

ne Stellvertreterkriege wechselnder ausländischer Koalitionen das Land ruinierten, legte ein Großfeuer die Stadt in Schutt und Asche. Der erste Stadtbrand vernichtete drei Viertel der Altstadt. Nur knapp 250 Gebäude waren nicht betroffen. Mitten im Wiederaufbau kam es 18 Jahre später zu einem zweiten verheerenden Brand, der erneut weite Teile der Altstadt zerstörte. Nachher standen nur noch einige rußgeschwärzte Teile des mächtigen Stephandoms.
Diese alten Mauerteile wurden schon aus Kostengründen in den Wiederaufbau mit einbezogen. Von außen vereinigt der Dom daher viele Bauepochen, deren letzte die achteckigen Obergeschosse der beiden Westtürme aus dem Jahre 1896 darstellen. Den Auftrag für den Bau nach dem großen Stadtbrand erhielt mit Carlo Lurago (1615–1684), ein renommierter Experte seines Fachs, dessen Unternehmen auf einem straff organisierten Bautrupp aufbaute. Unter seiner Regie entstand ein »wegen seiner selten harmonischen Durchdringung von spätgotischen

Das Passauer Oberhaus sicherte die bischöfliche Macht über Passau und war für die Bürger Schutz und Bedrohung zugleich.

Obernzell war über die Jahrhunderte Passauer Land und hieß zwischendurch wegen der vielen dort ansässigen Hafner auch Hafnerzell.

und barocken Stilelementen in diesen Ausmaßen schier einmaliges Kirchengebäude«. Die Dimensionen sind mit über 100 Metern Länge und knapp 50 Metern Höhe in der Vierungskuppel gewaltig. Dieser Dom ist der größte Barockbau des 17. Jahrhunderts nördlich der Alpen. Die Innenausstattung ist aus einem Guss und wurde von Giovanni Battista Carlone (1640–1721) gestaltet, dessen schwere Stuckelemente gerne auch »carlonesk« genannt werden. Viele Putten, Propheten und Karyatiden drängen sich auf Gesimsen, anstelle der ehemaligen gotischen Rippen tragen Atlanten die Deckenwölbung. Das Besondere am Dom ist die größte Kirchenorgel der Welt mit immerhin fünf Einzelorgeln, die es zusammen auf fast 18 000 Pfeifen bringen und über 233 Register verfügen. Dazu sind vier Glockenspiele mit 134 Resonanzkörpern integriert.

Das Fürstbistum Passau war faktisch bankrott, als es im Jahre 1803 die Eigenstaatlichkeit verlor und dem bayerischen Flächenstaat eingegliedert wurde. Damals wurde viel Kirchengut verschleudert, so dass die Säkularisation im Volksverständnis allgemein als »Kulturrevolution« mit allen negativen Folgen empfunden wird. Dabei ist weniger die Enteignung des Kirchenbesitzes im Gefolge des »Reichsdeputationshauptschlusses« gemeint als vielmehr die blinde Zerstörung von Kulturgut. Wer kennt nicht die Geschichten, in denen Aufhebungskommissare schubkarrenweise Klosterbücher ohne Rücksicht auf den Inhalt für einige Kreuzer als Einheizpapier verkauften? Nach französischem Muster wurde Bayern damals in Verwaltungskreise eingeteilt und nach Flussnamen benannt. Passau wurde dabei dem Unterdonaukreis zugeschlagen.

In Passau stellt sich auch immer die Frage, warum eigentlich der Inn in die Donau mündet und nicht umgekehrt. Ist doch der Inn seinem Lauf nach länger, breiter, wasserreicher und damit auch tiefer. Das Wasser der einzelnen Flüsse ist farblich deutlich zu unterscheiden: Der 290 Meter breite Inn mit seinem grauen, kalkhaltigen Wasser aus den Alpen, die Ilz mit ihrem schwarzbraunen, moorigen Wasser aus dem Bayerischen Wald und die 240 Meter breite, dunkelblaue Donau. Alle drei Flüsse trugen zum Wohlstand der Stadt essentiell bei: die Ilz durch die Holzflößerei, der Inn mit dem Salzhandel und die Donau als »Zugang zur Welt«. In den Worten des Dichters Hans Carossa

(1878–1956) war Passau »mit seiner Umgebung seit Jahrhunderten eines der wunderbarsten, merkwürdigsten Stadt- und Landschaftsbilder Deutschlands gewesen und wird es vermutlich immer bleiben. Wer zum ersten Male … von der Burg Oberhaus über die Stadt hinsieht, wird von der Schönheit und Kühnheit ihrer Lage fast erschrecken.« Passau wurde in der Vergangenheit wieder und wieder schmerzlich an seine Lage an Donau, Inn und Ilz erinnert, wenn das Hochwasser wieder einmal bis in das erste Stockwerk der Gebäude reichte. Wie Fingerabdrücke zeigen verschiedene Kerben an Hauswänden historische Höchstwasserstände an, denen man an normalen Tagen ungläubig gegenübersteht: Oktober 1787, Februar 1862, September 1899, September 1920 – das sind Monate, die Passau sicher gerne übersprungen hätte. Oder der Juli 1954, als sich Inn und Donau verschworen zu haben schienen, Passau wegschwemmen zu wollen. Damals hatte es tagelang geregnet, so dass die Pegelstände stündlich um bis zu 20 Zentimeter anstiegen. Manche Bewohner mussten damals in den dritten Stock ihrer Häuser ziehen, um trockene Füße zu behalten. Schließlich erreichte der Donaupegel eine Rekordmarke von 12,20 Metern. In innerhalb von nur vier Tagen hatte sich damals eine Wassermenge von zweieinhalb Billionen Litern durch Passau gewälzt. Die Donau kann also machtvoll werden, wenn sie ins Inn- und Waldviertel wechselt.

Burg Vichtenstein, hoch über der Donau gelegen, gehörte bis 1779 zum bayerischen Innviertel, bevor dieses im Zuge von Erbstreitigkeiten an Österreich fiel.

Jochenstein ist ein deutsch-österreichisches Gemeinschaftskraftwerk, da sich hier beide Länder die Donau teilen. Die Kraftwerksmauer dient gleichzeitig als Grenzübergang.

Engelhartszell liegt bereits in Oberösterreich und markiert die Stelle, ab der schließlich beide Donauufer österreichisch sind.

Bild Seite 1: Die Steinerne Brücke in Regensburg ist das dominanteste und sicherlich älteste Brückenbauwerk über die Donau innerhalb Deutschlands. Seit mehr als 850 Jahren spannen sich die massiven Brückenjoche über den Strom und repräsentieren die älteste steinerne Bücke des Mittelalters nördlich der Alpen.

Bild Seite 2: Unterhalb Regensburgs tritt die Donau in die breite Ebene des Gäubodens ein und hätte eigentlich allen Platz der Welt, wenn ihr die Landwirtschaft nicht über die Jahrhunderte das Tal nach und nach abgerungen hätte. Dennoch kann der Fluss auch heute hin und wieder seine weiten Schwingungen ausfließen.

Kartenskizze Seite 4: Sebastian Schrank, München
Typographie und Layout: Catherine Avak, München
DTP-Produktion: avak Publikationsdesign, München
Bildreproduktion: lithotronic media GmbH, Dreieich
Druck und Bindung: Druckerei Theiss, St. Stefan im Lavanttal

Printed in Austria

ISBN 978-3-475-53877-3